# BEI GRIN MACHT SICH IHR WISSEN BEZAHLT

AF152071

Daniel Kipper

# Zu: Caroline Kennedy Pipe - "Stalin's Cold War"

GRIN Verlag

**Bibliografische Information der Deutschen Nationalbibliothek:**

Die Deutsche Bibliothek verzeichnet diese Publikation in der Deutschen National-
bibliografie; detaillierte bibliografische Daten sind im Internet über http://dnb.d-
nb.de/ abrufbar.

**Impressum:**

Copyright © 2004 GRIN Verlag GmbH
Druck und Bindung: Books on Demand GmbH, Norderstedt Germany
ISBN: 978-3-640-28199-2

**GRIN - Your knowledge has value**

Der GRIN Verlag publiziert seit 1998 wissenschaftliche Arbeiten von Studenten, Hochschullehrern und anderen Akademikern als eBook und gedrucktes Buch. Die Verlagswebsite www.grin.com ist die ideale Plattform zur Veröffentlichung von Hausarbeiten, Abschlussarbeiten, wissenschaftlichen Aufsätzen, Dissertationen und Fachbüchern.

**Besuchen Sie uns im Internet:**

http://www.grin.com/

http://www.facebook.com/grincom

http://www.twitter.com/grin_com

# Caroline Kennedy-Pipe

# Stalin`s Cold War

Daniel Kipper
30.09.2004

## Überlebensstrategien

### Das revolutionäre Erbe:

In den Jahren 1918-1921 setzte sich in Russland das bolschewistische System durch. Vor der Oktoberrevolution gab es in Russland keine geordnete Armee. Der Bürgerkrieg und ausländische Interventionen machten diese aber unabdingbar. Im Jahr 1917 appellierte Trotsky (Minister für ausländische Angelegenheiten) an die Bevölkerung der mit Russland im Krieg befindlicher Staaten, ihre Regierung zu bekämpfen. Außerdem hofften die Bolschewisten, dass in Deutschland ebenfalls eine Revolution ausbrechen würde. Diese Hoffnung wurde allerdings nicht erfüllt und Russland musste seine Streitkräfte gegen Deutschland verstärken.

Am 03.03.1918 unterschrieb Sokolnilov stellvertretend für Sowjetunion, den Friedensvertrag von Brest Litovsk, der eine große Schande für Russland darstellte (u.a. verlor Russland 30% des bebaubaren Landes).

Im Sommer 1918 kam es dann zum Bürgerkrieg mit den sozialistischen Revolutionären und den Mensheviks, die daraufhin von Lenin verboten wurden.

Die russische Führung glaubte zu diesem Zeitpunkt, dass für eine kommunistische Revolution in ganz Europa ein großes Potential bestehe. Im Jahr 1920 vertrieben sie die Polen aus der Ukraine und marschierten weiter bis nach Warschau. Allerdings stellten sich die Westmächte auf die Seite Polens und so mussten die Russen sich wieder zurückziehen. Zu diesem Zeitpunkt erkannten sie auch, dass das revolutionäre Potential in Europa nicht so groß wie einst vermutet war.

Durch die anhaltende Isolation der beiden Staaten Deutschland und Russland nach dem 1.Weltkrieg kam es zum Vertrag von Rapallo, indem diese beiden Staaten eine Zusammenarbeit ihrer Armeen sowie eine Modernisierung Russlands beschlossen.

Im Jahr 1924 kam Stalin an die Macht, der schon im Jahre 1925 von einer Unvermeidbarkeit eines Krieges sprach, da seiner Meinung nach das Konfliktpotential der kapitalistischen Länder sowie die Militarisierung Deutschlands zwangsweise dazu führen werden.

### Die Suche nach der kollektiven Sicherheit

Die Russen wollten nicht mehr, dass die Reichswehr russischen Boden betrat, d.h. der Vertrag von Rapallo wurde theoretisch aufgelöst.

Die Russen sahen in der Militarisierung Deutschlands eine große Gefahr und versuchten dies auch anhand des Buches „Mein Kampf" der Öffentlichkeit zu belegen. Als Hitler dann auch seine Armee im Rheinland einmarschieren ließ (offener Bruch des Versailler Vertrages) gaben die Sowjets zu verstehen, dass sie sich an einer Aktion gegen Hitler beteiligen würden. Nach dem erneuten Bruch des Vertrages (Teilung der Tschechoslowakei) war Russland bereit für einen Krieg gegen Deutschland und hoffte weiterhin vergebens auf ein Einschreiten der Westmächte. 23.08.1939 wurde der Hitler- Stalin- Pakt unterzeichnet in dem Stalin sein vorrangigstes Ziel, nämlich das Abwenden der Aggressionen Hitlers von Russland, erreichte. Erst nach dem Einfall der Deutschen in der Sowjetunion musste Stalin erkennen, dass dieser Pakt wertlos war.

**Sowjetisches Denken über die USA**

Moskau und Washington unterhielten trotz unterschiedlicher Ideologien wirtschaftliche Beziehungen. 1933 gründete Roosevelt formale Beziehungen mit Moskau und erkannte die sowjetische Regierung an. Im Gegenzug erhielt er die Zusicherung, dass die Komintern keine kommunistische Bewegung in den USA unterstützen werde. Allerdings gab es auf Seiten der Amerikaner wegen des brutalen russischen Regimes auch einige Skrupel mit den Sowjets zusammenzuarbeiten. Erst der Einfall Hitlers in der Sowjetunion und die spätere Kriegserklärung der Deutschen an die USA machten die Sowjetunion und die USA zu Verbündeten in der großen Koalition gegen Hitler.

**Die politische Dimension**

Im Jahr 1943 trafen sich die Staatsoberhäupter der Anti- Hitler- Koalition. Stalin wollte den Krieg so schnell wie möglich beenden, da auf russischer Seite sehr hohe Opferzahlen zu beklagen waren. Deshalb forderte Stalin die Eröffnung einer zweiten Front gegen Deutschland. Insgesamt wurden keine Themen angesprochen, die zu einer Teilung der Allianz hätten führen können. Die Sowjets versuchten ihre Ziele wie z.B. (Mit-) Befreiung solcher Länder wie den Niederlande, Demilitarisierung Deutschlands und Sicherung des Einflussgebietes durchzusetzen, während die Westmächte ebenfalls auf eine Sicherung ihrer Einflusssphäre aber auch eine vollständige Entnazifizierung sowie eine vollständige Zerstörung des Nazi- Systems großen Wert legten.

**Konferenz von Teheran**

Das sowjetische Interesse an der Errichtung einer zweiten Front wurde auf dieser Konferenz zum Hauptthema. Es gab allerdings noch einige Unklarheiten über den Ort der Front und den

Zeitpunkt der Fronteröffnung. Ein zweites Hauptthema war die Ordnung des Nachkriegseuropa und die Rolle, die die Siegermächte in ihm spielen sollten.

## Die militärische Dimension

Stalin hielt sich zu diesem Zeitpunkt des Krieges mit Militäraktionen zurück, da er die Fronteröffnung (was einen Abzug deutscher Truppen von der Ostfront zur Folge hätte) abwarten wollte. Nach der Fronteröffnung allerdings wollte Stalin sehr schnell vormarschieren, um einen möglichst großen Einflussbereich zu sichern. Während des Jahres 1944 besetzte die Rote Armee Rumänien, Bulgarien und auch Ungarn. Die Deutschen leisteten in Ungarn starken Widerstand, der von den Ungarn unterstützt wurde.

## Die Jalta- Konferenz (Februar 1945)

Auf dieser Konferenz wurde über den Zeitpunkt und den Charakter des Schlages gegen Hitler diskutiert. Die Sowjets waren besorgt über den anhaltenden Widerstand der deutschen Armee. Außerdem sahen sie in der Verlegung deutscher Soldaten an die Ostfront die Gefahr des Seperatfriedens der Westmächte mit Deutschland.

Die USA und Großbritannien wiederum hatten Angst vor der Stellung der USSR in dem Nachkriegseuropa und wollten deshalb in den befreiten Gebieten demokratische Institutionen einrichten. Stalin akzeptierte diese Forderung zum Schein, um den Bestand der Koalition nicht zu gefährden. Allerdings mussten die Westmächte bald erkennen, dass es mehrere Auslegungsmöglichkeiten für das Wort „demokratisch" gab.

Die ersten freien Wahlen in Ungarn endeten zum Erstaunen Stalins mit einer Wahlniederlage der Kommunisten, die nur 17% der Stimmen erreichen konnten.

Die Westmächte wollten ihren Einfluss in Polen und der Tschechoslowakei sichern und bestanden deshalb auf freien Wahlen und der Akzeptanz der nationalen Regierung durch Moskau. Stalin wiederum wich von seinem Standpunkt nicht ab, da er eine Pufferzone zwischen der Sowjetunion und Deutschland aufbauen wollte und diese seiner Meinung nach nur mit einem russlandfreundlichen Polen erreichen konnte.

Die Rote Armee war im Februar 1945 nur noch ca. 65 km von Berlin entfernt. Allerdings hatten die Sowjets es nicht eilig Berlin zu erreichen, da eine zonale Aufteilung Deutschlands schon am 6. Februar beschlossen wurde. Auch Frankreich sollte eine Zone erhalten, obwohl Stalin dagegen war. Großbritannien jedoch wollte ein Gegengewicht zu Deutschland auf dem Kontinent etablieren.

## Die Spaltung Europas

Harriman schilderte nach seiner Reise in die Sowjetunion, dass die Sowjets keine westlichen Einflüsse in Polen zulassen werde. Des weiteren sagt er, dass das Verhältnis zu Russland nun ein anderes sei als das während des Krieges. Churchill wollte Ost- Gebiete in Europa einnehmen, um den sowjetischen Einfluss zu schmälern. Washington allerdings wollte für dieses Vorhaben keine Soldaten einsetzen, vielmehr wollten die Amerikaner wirtschaftliche Interessen sichern.

Während die deutsche Armee in den Ostgebieten massiven Widerstand leistete, konnten die Westmächte relativ schnell den Rhein überqueren und Städte wie Mannheim, Kassel und Osnabrück einnehmen. Dadurch sah Churchill die Möglichkeit Berlin einzunehmen, womit Eisenhower allerdings nicht einverstanden war, da er die eventuellen Verluste bei dieser militärischen Aktion auf ca. 100.000 Mann bezifferte.

Zusammenfassend schildert die Autorin, dass nun in zunehmendem Maße eine Verfremdung der Koalitionsmächte entstand. Die Russen misstrauten den Westmächten, weil sie einen Seperatfrieden des Westens mit Hitler- Deutschland befürchteten und der Westen versuchte mit allen Mitteln die Einflusssspähre Russlands so klein wie möglich zu halten.

Das heisst, dass nach der Bekämpfung Hitlers nun auch die Bekämpfung untereinander begann.

## Strategien der Besetzung

12.04.1945 stirbt Roosevelt; sein Nachfolger wurde Truman

Die Autorin beschreibt, dass der aggressivere Anti- Russland Kurs von den Briten gefahren wurde, die eine Expansion der SU verhindern wollten. Allerdings kam es trotz der sich nun ebenfalls verstärkenden Spannungen zwischen Russland und den USA zu einem Treffen zwischen Hopkins und Stalin in dem Hopkins zusicherte, dass die Westmächte ebenfalls ein pro- russisches Polen dulden würden. Hopkins teilte nach diesem Treffen Truman mit, dass Stalin an der Jalta Konferenz festhalten werde.

Truman befahl nun auf russische Forderung hin am 21. Juni `45 den Rückzug der Truppen aus allen sowjetischen Gebieten.

**Konferenz von Potsdam**

Hauptthema waren die Reparationszahlungen, die Deutschland an die Siegermächte leisten sollte. Moskau forderte, dass Deutschland gänzlich für die entstandenen Schäden und Verluste aufkommen sollte. Außerdem wollte der Kreml eine Internationalisierung des Ruhrgebietes. Im Gegensatz dazu vertraten die Westmächte zu diesem Zeitpunkt schon die Auffassung, dass eine solche Schwächung der Wirtschaft Deutschlands Auswirkungen auf ganz Europa nach sich ziehen würde. Deshalb forderten sie, dass jeder seine Leistungen aus seiner Zone beziehen sollte und Russland zusätzlich noch Leistungen aus den westlichen Zonen erhalten sollte. Auf der Konferenz von Potsdam berichtete Truman Stalin von der Atombombe. Die Wichtigkeit der Atombombe erkannte Stalin aber erst nach dem katastrophalem Einsatz in Hiroshima und Nagasaki.

Im September 1945 hielt Stalin einen Krieg zwischen den drei Siegermächten für möglich. Allerdings war die SU nicht auf einen Krieg vorbereitet, da ein großer Teil der Infrastruktur zerstört war. Des weiteren umfasste die russische Armee von den einst 11,36 Mio. Männern nur noch 3,2 Mio.. Dies hatte eine große Angst vor dem Westen zufolge, was auch den Aufbau einer modernen Luftabwehr erklärt.

**Der Rückzug aus der Tschechoslowakei**

Im Juli ´45 verringerte die SU seine Truppen in der Tschechoslowakei von 150.000 auf 40.000 Mann. Die Amerikaner folgten diesem Beispiel und verringerten die dort stationierten Soldaten um 50%. Stalin glaubte, dass die kommunistische Partei in der Tschechoslowakei siegen werde.

**Moskau und der Iran**

Bevin wollte ein Datum für den Rückzug der westlichen Mächte und der Roten Armee aus dem Iran festlegen. 1941 waren die Sowjets und die Briten in den Iran einmarschiert, um zu verhindern, dass die dortigen Ölfelder den Deutschen in die Hände fielen. 1942 unterschrieben diese Mächte, dass sie sich sechs Monate nach Kriegsende aus dem Iran zurückziehen würden. Nun machte Stalin allerdings klar, dass ein Rückzug der Sowjets zu Sabotageakten auf Ölfelder führen werde. Deshalb wollten die Sowjets auch weiterhin im Iran bleiben. Im Januar ´46 erfuhr die amerikanische Regierung, dass Truppenbewegungen der Roten Armee in den Nord- Iran stattfanden. Nur auf den Druck der westlichen Mächte hin zog Stalin die Rote Armee aus dem Iran ab. Ab diesem Zeitpunkt verschärfte sich die westliche Politik gegenüber Russland. Laut Autorin bildete das „Iran Problem" eine der ersten Krisen des Kalten Krieges.

## Moskau und Deutschland

In Moskau gab es zwei unterschiedliche Denkweisen über die Außenbeziehungen Russlands. Zhdanov vertrat die Auffassung, dass eine Öffnung gegenüber anderen Ländern bei einer gleichzeitigen Wahrung des Sozialismus die beste Lösung sei, während Malenkov den Isolationismus befürwortete.

Im Winter ´44/´45 wurde ein Konzil gebildet, welches über die Reparationszahlungen/-lieferungen bestimmen sollte; den Vorsitz hatte Malenkov. Malenkov betrieb eine Politik der schnellen Demontage, um möglichst viel Material und Maschinen zur Ankurbelung der russischen Wirtschaft deportieren zu können. Bei der schnellen Demontage wurden allerdings auch sehr viele Maschinen zerstört.

Zhdanov, der von einer Sowjetisierung der Ost- Zone ausging, kritisierte dieses Verhalten. Im Frühjahr ´46 wurde Malenkov abgezogen. Die Idee eines geteilten Deutschlands mit sowjetischem Einflussbereich setzte sich gegen die Politik der „Demontage um jeden Preis" durch.

In dieser Zeit erlangte Walter Ulbricht in Osten Deutschlands zunehmend an Macht. Anfang ´46 wurden die KPD und die SPD zur SED vereinigt. Russland wollte weiterhin eine Internationalisierung des Ruhrgebietes, was von den westlichen Mächten abgelehnt wurde. Diese waren gerade dabei ihre beiden Zonen zur Bizone zusammenzuschließen. Diese Entwicklungen führten zu einer Verschärfung des Konfliktes zwischen Ost- und West.

## Moskau und Italien

Italien wurde von amerikanischen und britischen Vertretern verwaltet. Moskau wollte auch in Italien den westlichen Einfluss schwächen. Bei den Wahlen im Februar ´46 erreichte die italienische kommunistische Partei die PCI (die von Togliatti geführt wurde) nur 19%, während die Christ Demokraten, welche von De Gaspari geführt wurde, 35% aller Stimmen. Die Sowjetunion forderte nun den Rückzug aller in Italien befindlichen westlichen Soldaten, um die Gefahr der Einkreisung der Sowjetunion auszuschließen. Stalin glaubte, dass die USA auf der ganzen Welt Basen errichten wollten um die Sowjetunion langsam einzukreisen, deshalb verschärfte sich auch sein Ton gegenüber den USA und Großbritannien.

Im Jahr 1946 berichtete das State Department, dass der in Griechenland ausgebrochene Bürgerkrieg von der Sowjet- Regierung dazu genutzt werde um ihren Einfluss in diesem Land zu vergrößern. Hierbei sprach das State Department von einer Unterstützung der EAM (Griechische kommunistische Partei) durch die Russen gegen die bestehende Regierung. George Kennan glaubte, dass ein Sieg der Kommunisten in Griechenland auch zu einem Sieg der Kommunisten in Italien führen werde. Da Großbritannien wegen eigenen Geldproblemen die finanzielle und militärische Unterstützung für Griechenland beenden musste, kam es am 20.06.1947 zur Truman Doktrin, welche eine finanzielle Unterstützung Griechenlands und der Türkei festlegte.

**Strategien der Vereinigung**

Politik der Festigung:

Ziel der Sowjetunion war es auf den Marshall- Plan zu antworten. Sie wollte nun die osteuropäischen kommunistischen Parteien enger an sich binden. Im September '47 kam es zu einem Treffen von Repräsentanten der kommunistischen Parteien aus der USSR, Bulgarien, Rumänien, Tschechoslowakei, Ungarn, Polen, Frankreich, Italien und Jugoslawien. Moskau wollte die einzelnen Parteien besser koordinieren und kontrollieren. Der Zusammenschluss dieser Parteien nannte sich Kominform, welche die Welt in 2 Lager teilte; den kommunistischen Osten und den kapitalistischen Westen.

Stalin wollte eine nordische Allianz zwischen Finnland, Schweden und Norwegen verhindern und die Macht der SU in diesen Ländern etablieren. Hauptziel in Deutschland war es ein neutrales Land zu schaffen, in welchem die Westmächte keinen Einfluss haben sollten. Wenn dies nicht gelänge, wollten sie einen ostdeutschen Staat mit sowjetischem Einfluss schaffen.

Ein weiteres angestrebtes Ziel in Deutschland war die völlige Demilitarisierung. Da nun die westlichen Zonen schon zur Trizone zusammengeschlossen waren, bestand allerdings nur wenig Hoffnung diese Ziele durchzusetzen. Deshalb warfen die Russen den Amerikanern auch vor, sie würden die Deutschen nicht als besiegten Feind behandeln.

**Berlin- Blockade**

Berlin war leicht verwundbar, da es in vier Sektoren aufgeteilt war. Durch die Berlin Blockade wollte Stalin testen wieweit die Westmächte gehen würden, d.h. wie wichtig ihnen Berlin war. Die Sowjetunion kappte alle Land- Verbindungen nach Berlin. Obwohl die Sowjets die Luftverbindungen auch hätten einschränken können, blieben diese bestehen, da Stalin sich nicht vorstellen konnte, dass eine Versorgung durch die Luft möglich wäre.

Anfang '49 löste Moskau die Berlin Blockade wieder. Eine Folge dieser Berlin Blockade war genau das Gegenteil von dem, was Stalin eigentlich wollte, nämlich die Rechtfertigung für die Wiederbewaffnung Westdeutschlands. Anfang '49 war nun auch Stalin davon überzeugt, dass eine Teilung Deutschlands unvermeidbar war.

**Strategien des Widerstandes**

Im April 1949 wuchs Westdeutschland mehr und mehr zusammen. Es wurde beschlossen, dass die Westmächte nur noch aus Gründen der Sicherheit in Westdeutschland blieben. Die Sowjets gaben den Westmächten die Schuld an der Teilung Deutschlands und stellten sich als kooperative Verhandlungspartner dar. Molotow beschrieb das amerikanische und britische Verhalten als „aggressiven politischen Kurs". Dies wollte die Sowjet- Regierung nun auch der Öffentlichkeit zeigen und griffen die Amerikaner im Laufe des Jahres 1949 mehrmals verbal an.

Im September 1949 testeten auch die Sowjets zum ersten Mal erfolgreich eine Atomwaffe. Nun bestand laut Malenkov ein Vorteil des Sozialismus gegenüber dem Kapitalismus.

**Die Sowjetunion, der Korea Krieg und Europa**

Das sowjetisch-amerikanische Verhältnis war in den 50er Jahren von den Ereignissen in Korea dominiert. Moskau kontrollierte den Norden, während die USA den Süden Koreas kontrollierte. Die sowjetischen Truppen zogen sich im Januar '49 aus Korea zurück, die Amerikaner ein paar Monate später. Es gab aber immer enge Kontakte zwischen Nord- Korea und Russland. Es ist bis heute umstritten, inwieweit Stalin an dem Angriff Nord- Koreas auf den Süden beteiligt war. Am wahrscheinlichsten erscheint der Autorin, dass Stalin zwar von dem Angriff wusste, sich aber davon zu distanzieren suchte, um einer direkten Konfrontation mit der USA aus dem Weg zu gehen.

Am 30. Juni erhielten die US- Truppen den Marschbefehl. Nach einem mehrmonatigem Boykott des UN- Sicherheitsrates durch die Sowjetunion, kehrte Jacob Malik in diesen zurück und forderte ein Ende des Krieges in Korea und den Abzug aller ausländischen Soldaten. Im Frühjahr '51 wurden die chinesischen Soldaten zurückgedrängt und Seoul von UN- Streitkräften zurückerobert. Mitte '51 gab es erste Verhandlungen über eine Waffenruhe.

Moskau übte nun Druck auf die französische kommunistische Partei aus, sie solle eine Remilitarisierung Westdeutschlands verhindern. Außerdem sollte Ostdeutschland „eine Brücke schlagen" um das Abdriften Westdeutschlands in einen antikommunistischen Block auszuschließen. Russland wollte nun neben der Demilitarisierung den Rückzug der Besatzungsmächte und den Abbau der bewaffneten Streitkräfte der 4 Mächte.

Im Laufe des Jahres 1952 verschlechterte sich der Gesundheitszustand Stalins zunehmend; er starb am 5. März 1953.

Zusammenfassend kann gesagt werden, dass auf der einen Seite die Macht der Sowjetunion durch die Kontrolle über Ost- Europa gestiegen war. Außerdem erreichten sie technologische Fortschritte, die Kontrolle über Ostdeutschland und die erfolgreiche Explosion der Atombombe. Auf der anderen Seite war eine Kooperation mit West- Europa nun ausgeschlossen.

**Strategien der Stabilisierung**

Entspannung in Außenangelegenheiten: Nach dem Tod Stalins wurde Malenkov Parteivorsitzender und Premierminister. Beria wurde Minister für innere Angelegenheiten und Molotow übernahm den Außenministerposten.

Die neue Regierung in Washington unter Präsident Eisenhower wollte mit der neuen sowjetische Regierung kooperieren. Auch Churchill und die neue Regierung in Moskau sprach sich für eine Zusammenarbeit aus.

Im Laufe des Jahres 1953 kam es in Ostdeutschland zu einer Reihe von Arbeiteraufständen, die von der Roten Armee gewaltsam niedergeschlagen wurden.

**Moskau und die westliche Integration**

Die Sowjets lehnten die Voraussetzung der Wiedervereinigung (freie Wahlen) kategorisch ab. 1954 scheiterte die Europäische- Verteidigungs- Gemeinschaft (EVG) an der Angst der Franzosen vor einem militärischen Aufstieg Deutschlands.

Westdeutschland verpflichtete sich, keine Atomwaffen aufzubauen. Dafür erlangte es außenpolitische Souveränität und die Mitgliedschaft in der Nato. Die SPD war gegen dieses Abkommen, da so eine Wiedervereinigung unmöglich wurde. Das sowjetische Ziel der Verhinderung der Wiederbewaffnung war nun endgültig gescheitert und deshalb konzentrierten sich die Sowjets jetzt auf die Verstärkung der Beziehungen zu der DDR (sprich zur SED).

**Chrustschow wird Premierminister**

Unter Chrustschow wurde der Warschauer Pakt gegründet; offiziell um die Bedrohung durch des Ost- West- Konflikt zu minimieren. Dieser Pakt brachte den Vorteil für die Sowjetunion mit sich, dass sie nun die Kontrolle über militärische Beziehungen der osteuropäischen Staaten hatten. Außerdem hatten sie einen Grund in Osteuropa Truppen zu stationieren.

Malenkov sah keine Gefahr eines Krieges, da die Folgen für beide Mächte zu katastrophal wären. Hier bestand also schon das Prinzip der gegenseitigen Abschreckung. Chrustschow allerdings sah die Gefahr eines Krieges gegeben und wollte weiterhin aufrüsten. Später wurde die Politik der Vorbereitung auf einen Krieg bei gleichzeitigem Versuch diesen zu verhindern betrieben.

Österreich wurde neutraler Staat und die ausländischen Truppen zogen sich zurück. Somit wurde verhindert, dass Österreich der NATO beitrat.

Adenauer machte Chrustschow das Angebot die DDR der Sowjetunion abzukaufen, welches allerdings abgelehnt wurde, da so der ganze Ostblock „gebröckelt" hätte.

## Zusammenfassung

Dieses Buch soll Lücken in der Kriegsliteratur füllen. Es liefert allerdings keine Schuldzuweisung für den Ausbruch des Kalten Krieges.

Russland war in den Jahren von 1917-43 ein sehr rückständiger Staat der auch durch Kooperation mit Deutschland versuchte diesen Rückstand aufzuholen. Ziele nach dem 2. Weltkrieg waren vor allem die Wiedererstarkung des westdeutschen Militarismus zu verhindern sowie den eigenen Einflussbereich zu sichern.

Mittlerweile kann auch im Westen ein gewisses Verständnis für die Handlungsweise Russlands aufkommen.

Bisherige Literatur unterteilt sich in Traditionalisten, die den Russen die Schuld am Kalten Krieg geben, den Revisionisten, die den Amerikanern die Schuld geben und den Neorevisionisten, die die Schuld bei beiden Staaten suchten.

Dieses Buch soll laut Autorin der Beginn einer neuen Debatte sein.